I0480567

# CONSTITUCIÓN
# DE LA II
# REPÚBLICA ESPAÑOLA

## (1931)

Título: *Constitución de la II República Española*
Autor: Cortes Constituyentes
Edición y portada: Miguel G. Macho

© 1ª edición en Barcelona, julio de 2020

Por la Tercera República Popular.

# CONSTITUCIÓN DE LA REPÚBLICA ESPAÑOLA

**España, en uso de su soberanía, y representada por las Cortes Constituyentes, decreta y sanciona esta Constitución:**

## TÍTULO PRELIMINAR

### Disposiciones generales

Artículo 1. España es una República democrática de trabajadores de toda clase, que se organiza en régimen de Libertad y de Justicia.

Los poderes de todos sus órganos emanan del pueblo.

La República constituye un Estado integral, compatible con la autonomía de los Municipios y las Regiones.

La bandera de la República española es roja, amarilla y morada.

Artículo 2. Todos los españoles son iguales ante la ley.

Artículo 3. El Estado español no tiene religión oficial.

Artículo 4. El castellano es el idioma oficial de la República.

Todo español tiene obligación de saberlo y derecho de usarlo, sin perjuicio de los derechos que las leyes del Estado reconozcan a las lenguas de las provincias o regiones.

Salvo lo que se disponga en leyes especiales, a nadie se le podrá exigir el conocimiento ni el uso de ninguna lengua regional.

Artículo 5. La capitalidad de la República se fija en Madrid.

Artículo 6. España renuncia a la guerra como instrumento de política nacional.

Artículo 7. El Estado español acatará las normas universales del Derecho internacional, incorporándolas a su derecho positivo.

## TÍTULO PRIMERO

### Organización nacional.

Artículo 8. El Estado español, dentro de los límites irreductibles de su territorio actual, estará integrado por Municipios mancomunados en provincias y por las regiones que se constituyan en régimen de autonomía.

Los territorios de soberanía del norte de África se organizarán en régimen autónomo en relación directa con el Poder central.

Artículo 9. Todos los Municipios de la República serán autónomos en las materias de su competencia y elegirán sus Ayuntamientos por sufragio universal, igual, directo y secreto, salvo cuando funcionen en régimen de Concejo abierto.

Los alcaldes serán designados siempre por elección directa del pueblo o por el Ayuntamiento.

Artículo 10. Las provincias se constituirán por los Municipios mancomunados conforme a una ley que determinará su régimen, sus funciones y la manera de elegir el órgano gestor de sus fines político administrativos.

En su termino jurisdiccional entraran los propios municipios que actualmente las forman, salvo las modificaciones que autorice la ley, con los requisitos correspondientes.

En las islas Canarias, además, cada isla formará una categoría orgánica provista de un Cabildo insular como Cuerpo gestor de sus intereses peculiares, con funciones y facultades administrativas iguales a las que la ley asigne al de las provincias.

Las islas Baleares podrán optar por un régimen idéntico.

Artículo 11. Si una o varias provincias limítrofes, con características históricas, culturales y económicas, comunes, acordaran organizarse en región autónoma para formar un núcleo político administrativo, dentro del Estado español, presentarán su Estatuto con arreglo a lo establecido en el Artículo 12.

En ese Estatuto podrán recabar para sí, en su totalidad o parcialmente, las atribuciones que se determinan en los artículos 15, 16 y 18 de esta Constitución, sin perjuicio, en el segundo caso, de que puedan recabar todas o parte de las restantes por el mismo procedimiento establecido en este Código fundamental

La condición de limítrofe no es exigible a los territorios insulares entre sí.

Una vez aprobado el Estatuto, será la ley básica de la organización político administrativa de la región autónoma, y el Estado español la reconocerá y amparara como parte integrante de su ordenamiento jurídico.

Artículo 12. Para la aprobación del Estatuto de la región autónoma se requieren las siguientes condiciones:

a) Que lo proponga la mayoría de sus Ayuntamientos o, cuando menos, aquellos cuyos Municipios comprendan las dos terceras partes del Censo electoral de la región.

b) Que lo acepten, por el procedimiento que señale la ley Electoral, por lo menos las dos terceras partes de los electores inscritos en el Censo de la región. Si el plebiscito fuere negativo, no podrá renovarse la propuesta de autonomía hasta transcurridos cinco años.

c) Que lo aprueben las Cortes.

Los Estatutos regionales serán aprobados por el Congreso siempre que se ajusten al presente Título y no contengan, en caso alguno, preceptos contrarios a la Constitución, y tampoco a las leyes orgánicas del Estado en las materias no transmisibles al poder regional, sin perjuicio de la facultad que a las Cortes reconocen los artículos 15 y 16.

Artículo 13. En ningún caso se admite la Federación de regiones autónomas.

Artículo 14. Son de la exclusiva competencia del Estado español la legislación y la ejecución directa en las materias siguientes:

1. Adquisición y perdida de la nacionalidad y regulación de los derechos y deberes constitucionales.

2. Relación entre las Iglesias y el Estado y régimen de cultos.

3. Representación diplomática y consular y, en general, la del Estado en el exterior; declaración de guerra; Tratados de paz; régimen de Colonias y Protectorado, y toda clase de relaciones internacionales.

4. Defensa de la seguridad pública en los conflictos de carácter suprarregional o extrarregional.

5. Pesca marítima.

6. Deuda del Estado.

7. Ejército, Marina de guerra y Defensa nacional.

8. Régimen arancelario, Tratados de Comercio, Aduanas y libre circulación de las mercancías.

9. Abanderamiento de buques mercantes, sus derechos y beneficios e iluminación de costas.

10. Régimen de extradición.

11. Jurisdicción del Tribunal Supremo, salvo las atribuciones que se reconozcan a los Poderes regionales.

12. Sistema monetario, emisión fiduciaria y ordenación general bancaria.

13. Régimen general de comunicaciones, líneas aéreas, correos, telégrafos, cables submarinos y radiocomunicación.

14. Aprovechamientos hidráulicos e instalaciones eléctricas, cuando las aguas discurran fuera de la región autónoma o el transporte de la energía salga de su término.

15. Defensa sanitaria en cuanto afecte a intereses extrarregionales.

16. Policía de fronteras, inmigración, emigración y extranjería.

17. Hacienda general del Estado.

18. Fiscalización de la producción y el comercio de armas.


Artículo 15. Corresponde al Estado español la legislación, y podrá corresponder a las regiones autónomas la ejecución, en la medida de su capacidad política, a juicio de las Cortes, sobre las siguientes materias:

1. Legislación penal, social, mercantil y procesal, y en cuanto a la legislación civil, la forma del matrimonio, la ordenación de los registros e hipotecas, las bases de las obligaciones contractuales y la regulación de los Estatutos, personal, real y formal, para coordinar la aplicación y resolver los conflictos entre las distintas legislaciones civiles de España.

La ejecución de las leyes sociales será inspeccionada por el Gobierno de la República, para garantizar su estricto cumplimiento y el de los Tratados internacionales que afecten a la materia.

2. Legislación sobre propiedad intelectual e industrial.

3. Eficacia de los comunicados oficiales y documentos públicos.

4. Pesas y medidas.

5. Régimen minero y bases mínimas sobre montes, agricultura y ganadería, en cuanto afecte a la defensa de la riqueza y a la coordinación de la economía nacional.

6. Ferrocarriles, carreteras, canales, teléfonos y puertos de interés general, quedando a salvo para el Estado la reversión y policía de los primeros y la ejecución directa que pueda reservarse.

7. Bases mínimas de la legislación sanitaria interior.

8. Régimen de seguros generales y sociales,

9. Legislación de aguas, caza y pesca fluvial.

10. Régimen de Prensa, Asociaciones, reuniones y espectáculos públicos.

11. Derecho de expropiación, salvo siempre la facultad del Estado para ejecutar por sí sus obras peculiares.

12. Socialización de riquezas naturales y empresas económicas, delimitándose por la legislación la propiedad y las facultades del Estado y de las regiones.

13. Servicios de aviación civil y radiodifusión.


Artículo 16. En las materias no comprendidas en los dos artículos anteriores, podrán corresponder a la competencia de las regiones autónomas la legislación exclusiva y la ejecución directa, conforme a lo que dispongan los respectivos Estatutos aprobados por las Cortes.


Artículo 17. En las regiones autónomas no se podrá regular ninguna materia con diferencia de trato entre los naturales del país y los demás españoles.

Artículo 18. Todas las materias que no estén explícitamente reconocidas en su Estatuto a la región autónoma se reputarán propias de la competencia del Estado; pero este podrá distribuir o transmitir las facultades por medio de una ley.

Artículo 19. El Estado podrá fijar, por medio de una ley, aquellas bases a que habrán de ajustarse las disposiciones legislativas de las regiones autónomas, cuando así lo exigiera la armonía entre los intereses locales y el interés general de la República. Corresponde al Tribunal de Garantías Constitucionales la apreciación previa de esta necesidad.

Para la aprobación de esta ley se necesitará el voto favorable de las dos terceras partes de los Diputados que integren las Cortes.

En las materias reguladas por una ley de Bases de la República las regiones podrán estatuir lo pertinente, por ley o por ordenanza.

Artículo 20. Las leyes de la República serán ejecutadas en las regiones autónomas por sus autoridades respectivas, excepto aquellas cuya aplicación esté atribuída a órganos especiales o en cuyo texto se disponga lo contrario, siempre conforme a lo establecido en este título.

El Gobierno de la República podrá dictar Reglamentos para la ejecución de sus leyes, aun en los casos en que esta ejecución corresponda a las autoridades regionales.

Artículo 21. El derecho del Estado español prevalece sobre el de las regiones autónomas en todo lo que no esté atribuído a la exclusiva competencia de éstas en sus respectivos Estatutos.

Artículo 22. Cualquiera de las provincias que forme una región autónoma o parte de ella podrá renunciar a su régimen y volver al de provincia directamente vinculada al Poder central. Para tomar este acuerdo será necesario que lo proponga la mayoría de sus Ayuntamientos y lo acepten, por lo menos, dos terceras partes de los electores inscritos en el censo de la provincial

# TÍTULO II

## Nacionalidad.

Artículo 23. Son españoles:

1. Los nacidos, dentro o fuera de España, de padre o madre españoles.

2. Los nacidos en territorio español de padres extranjeros, siempre que opten por la nacionalidad española en la forma que las leyes determinen.

3. Los nacidos en España de padres desconocidos.

4. Los extranjeros que obtengan carta de naturaleza y los que sin ella hayan ganado vecindad en cualquier pueblo de la República, en los términos y condiciones que prescriban las leyes.

La extranjera que case con español conservará su nacionalidad de origen o adquirirá la de su marido, previa opción regulada por las leyes de acuerdo con los Tratados internacionales.

Una ley establecerá el procedimiento que facilite la adquisición de la nacionalidad a las personas de origen español que residan en el extranjero.

Artículo 24. La calidad de español se pierde:

1. Por entrar al servicio de las armas de una potencia extranjera sin licencia del Estado español, o por aceptar empleo de otro Gobierno que lleve anejo ejercicio de autoridad o jurisdicción.

2. Por adquirir voluntariamente naturaleza en país extranjero.

A base de una reciprocidad internacional efectiva y mediante los requisitos y trámites que fijará una ley, se concederá ciudadanía a los naturales de Portugal y países hispánicos de América, comprendido el Brasil, cuando así lo soliciten y residan en territorio español, sin que pierdan ni modifiquen, su ciudadanía de origen.

En estos mismos países, si sus leyes no lo prohíben, aun cuando no reconozcan el derecho de reciprocidad, podrán naturalizarse los españoles sin perder su nacionalidad de origen.

# TÍTULO III

## Derechos y deberes de los españoles.

### CAPITULO PRIMERO

*Garantías individuales y políticas.*

Artículo 25. No podrán ser fundamentos de privilegio jurídico: la naturaleza, la filiación, el sexo, la clase social, la riqueza, las ideas políticas ni las creencias religiosas.

El Estado no reconoce distinciones y títulos nobiliarios.

Artículo 26. Todas las confesiones religiosas serán consideradas como Asociaciones sometidas a una ley especial.

El Estado, las regiones, las provincias y los Municipios, no mantendrán, favorecerán, ni auxiliarán económicamente a las Iglesias, Asociaciones e Instituciones religiosas.

Una ley especial regulará la total extinción, en un plazo máximo de dos años, del presupuesto del Clero.

Quedan disueltas aquellas Ordenes religiosas que estatutariamente impongan, además de los tres votos canónicos, otro especial de obediencia a autoridad distinta de la legítima del Estado. Sus bienes serán nacionalizados y afectados a fines benéficos y docentes.

Las demás Ordenes religiosas se someterán a una ley especial votada por estas Cortes Constituyentes y ajustada a las siguientes bases:

1. Disolución de las que, por sus actividades, constituyan un peligro para la seguridad del Estado,

2. Inscripción de las que deban subsistir, en un Registro especial dependiente del Ministerio de justicia.

3. Incapacidad de adquirir y conservar, por sí o por persona interpuesta, más bienes que los que, previa justificación, se destinen a su vivienda o al cumplimiento directo de sus fines privativos.

4. Prohibición de ejercer la industrial el comercio o la enseñanza.

5. Sumisión a todas las leyes tributarias del país.

6. Obligación de rendir anualmente cuentas al Estado de la inversión de sus bienes en relación con los fines de la Asociación.

Los bienes de las Ordenes religiosas podrán ser nacionalizados.

Artículo 27. La libertad de conciencia y el derecho de profesar y practicar libremente cualquier religión quedan garantizados en el territorio español, salvo el respeto debido a las exigencias de la moral pública.

Los cementerios estarán sometidos exclusivamente a la jurisdicción civil. No podrá haber en ellos separación de recintos por motivos religiosos.

Todas las confesiones podrán ejercer sus cultos privadamente. Las manifestaciones públicas del culto habrán de ser, en cada caso, autorizadas por el Gobierno.

Nadie podrá ser compelido a declarar oficialmente sus creencias religiosas.

La condición religiosa no constituirá circunstancia modificativa de la personalidad civil ni política salvo lo dispuesto en esta Constitución para el nombramiento de Presidente de la República y para ser Presidente del Consejo de Ministros.

Artículo 28. Sólo se castigarán los hechos declarados punibles por ley anterior a su perpetración. Nadie será juzgado sino por juez competente y conforme a los trámites legales.

Artículo 29. Nadie podrá ser detenido ni preso sino por causa de delito. Todo detenido será puesto en libertad o entregado a la autoridad judicial, dentro de las veinticuatro horas siguientes al acto de la detención.

Toda detención se dejará sin efecto o se elevará a prisión, dentro de las setenta y dos horas de haber sido entregado el detenido al juez competente.

La resolución que se dictare será por auto judicial y se notificará al interesado dentro del mismo plazo.

Incurrirán en responsabilidad las autoridades cuyas ordenes motiven infracción de este Artículo, y los agentes y funcionarios que las ejecuten, con evidencia de su ilegalidad.

La acción para perseguir estas infracciones será pública, sin necesidad de prestar fianza ni caución de ningún género,

Artículo 30. El Estado no podrá suscribir ningún Convenio o Tratado internacional que tenga por objeto la extradición de delincuentes politicosociales.

Artículo 31. Todo español podrá circular libremente por el territorio nacional y elegir en él su residencia y domicilio, sin que pueda ser compelido a mudarlos a no ser en virtud de sentencia ejecutoria

El derecho a emigrar o inmigrar queda reconocido y no está sujeto a más limitaciones que las que la ley establezca.

Una ley especial determinará las garantías para la expulsión de los extranjeros del territorio español.

El domicilio de todo español o extranjero residente en España es inviolable. Nadie podrá entrar en el sino en virtud de mandamiento de juez competente. El registro de papeles y efectos se practicará siempre a presencia del interesado o de una persona de su familia, y, en su defecto, de dos vecinos del mismo pueblo.

Artículo 32. Queda garantizada la inviolabilidad de la correspondencia en todas sus formas, a no ser que se dicte auto judicial en contrario.

Artículo 33. Toda persona es libre de elegir profesión. Se reconoce la libertad de industria y comercio, salvo las limitaciones que, por motivos económicos y sociales de interés general, impongan las leyes.

Artículo 34. Toda persona tiene derecho a emitir libremente sus ideas y opiniones, valiéndose de cualquier medio de difusión, sin sujetarse a la previa censura.

En ningún caso podrá recogerse la edición de libros y periódicos sino en virtud de mandamiento de juez competente.

No podrá decretarse la suspensión de ningún periódico sino por sentencia firme.

Artículo 35. Todo español podrá dirigir peticiones, individual y colectivamente, a los Poderes públicos y a las autoridades. Este derecho no podrá ejercerse por ninguna clase de fuerza armada.

Artículo 36. Los ciudadanos de uno y otro sexo, mayores de veintitrés años, tendrán los mismos derechos electorales conforme determinen las leyes.

Artículo 37. El Estado podrá exigir de todo ciudadano su prestación personal para servicios civiles o militares, con arreglo a las leyes.

Las Cortes, a propuesta del Gobierno, fijarán todos los años el contingente militar.

Artículo 38. Queda reconocido el derecho de reunirse pacíficamente y sin armas. Una ley especial regulará el derecho de reunión al aire libre y el de manifestación.

Artículo 39. Los españoles podrán asociarse o sindicarse libremente para los distintos fines de la vida humana, conforme a las leyes del Estado.

Los Sindicatos y Asociaciones estarán obligados a inscribirse en el Registro público correspondiente, con arreglo a la ley.

Artículo 40. Todos los españoles, sin distinción de sexo, son admisibles a los empleos y cargos públicos según su merito y capacidad, salvo las incompatibilidades que las leyes señalen.

Artículo 41. Los nombramientos, excedencias y jubilaciones de los funcionarios públicos se harán conforme a las leyes. Su inamovilidad se garantiza por la Constitución. La separación del servicio, las suspensiones y los traslados solo tendrán lugar por causas justificadas previstas en la ley.

No se podrá molestar ni perseguir a ningún funcionario público por sus opiniones políticas, sociales o religiosas.

Si el funcionario público, en el ejercicio de su cargo, infringe sus deberes con perjuicio de tercero, el Estado o la Corporación a quien sirva serán subsidiariamente responsables de los daños y perjuicios consiguientes, conforme determine la ley.

Los funcionarios civiles podrán constituir Asociaciones profesionales que no impliquen injerencia en el servicio público que les estuviere encomendado.

Las Asociaciones profesionales de funcionarios se regularán por una ley. Estas Asociaciones podrán recurrir ante los Tribunales contra los acuerdos de la superioridad que vulneren los derechos de los funcionarlos.

Artículo 42. Los derechos y garantías consignados en los artículos 29, 31, 34, 38 y 39 podrán ser suspendidos total o parcialmente, en todo el territorio nacional o en parte de él, por decreto del Gobierno, cuando así lo exija la seguridad del Estado, en casos de notoria o inminente gravedad.

Si las Cortes estuviesen reunidas, resolverán sobre la suspensión acordada por el Gobierno.

Si estuviesen cerradas, el Gobierno deberá convocarlas para el mismo fin en el plazo máximo de ocho días. A falta de convocatoria se reunirán automáticamente al noveno día. Las Cortes no podrán ser disueltas antes de resolver mientras subsista la suspensión de garantías.

Si estuvieran disueltas, el Gobierno dará inmediata cuenta a la Diputación Permanente establecida en el artículo 62, que resolverá con iguales atribuciones que las Cortes.

El plazo de suspensión de garantías constitucionales no podrá exceder de treinta días. Cualquier prórroga necesitará acuerdo previo de las Cortes o de la Diputación Permanente en su caso.

Durante la suspensión regirá, para el territorio a que se aplique, la ley de Orden público.

En ningún caso podrá el Gobierno extrañar o deportar a los españoles, ni desterrarlos a distancia superior a 250 kilómetros de su domicilio.

## CAPITULO II

*Familia, economía y cultura.*

Artículo 43. La familia está bajo la salvaguardia especial del Estado. El matrimonio se funda en la igualdad de derechos para ambos sexos, y podrá disolverse por mutuo disenso o a petición de cualquiera de los cónyuges, con alegación en este caso de justa causa.

Los padres están obligados a alimentar, asistir, educar e instruir a sus hijos. El Estado velará por el cumplimiento de estos deberes y se obliga subsidiariamente a su ejecución.

Los padres tienen para con los hijos habidos fuera del matrimonio los mismos deberes que respecto de los nacidos en él.

Las leyes civiles regularán la investigación de la paternidad.

No podrá consignarse declaración alguna sobre la legitimidad o ilegitimidad de los nacimientos ni sobre el estado civil de los padres, en las actas de inscripción, ni en filiación alguna.

El Estado prestara asistencia a los enfermos y ancianos, protección a la maternidad y a la infancia, haciendo suya la "Declaración de Ginebra" o tabla de los derechos del niño.

Artículo 44. Toda la riqueza del país, sea quien fuere su dueño, está subordinada a los intereses de la economía nacional y afecta al sostenimiento de las cargas públicas, con arreglo a la Constitución y a las leyes.

La propiedad de toda clase de bienes podrá ser objeto de expropiación forzosa por causa de utilidad social mediante adecuada indemnización, a menos que disponga otra cosa una ley aprobada por los votos de la mayoría absoluta de las Cortes.

Con los mismos requisitos la propiedad podrá ser socializada.

Los servicios públicos y las explotaciones que afecten al interés común pueden ser nacionalizados en los casos en que la necesidad social así lo exija.

El Estado podrá intervenir por ley la explotación y coordinación de industrias y empresas cuando así lo exigieran la racionalización de la producción y los intereses de la economía nacional.

En ningún caso se impondrá la pena de confiscación de bienes.

Artículo 45. Toda la riqueza artística e histórica del país, sea quien fuere su dueño, constituye tesoro cultural de la Nación y estará bajo la salvaguardia del Estado, que podrá prohibir su exportación y enajenación y decretar las expropiaciones legales que estimare oportunas para su defensa. El Estado organizará un registro de la riqueza artística e histórica, asegurará su celosa custodia y atenderá a su perfecta conservación.

El Estado protegerá también los lugares notables por su belleza natural o por su reconocido valor artístico o histórico.

Artículo 46. El trabajo, en sus diversas formas, es una obligación social, y gozará de la protección de las leyes.

La República asegurará a todo trabajador las condiciones necesarias de una existencia digna. Su legislación social regulará: los casos de seguro de enfermedad, accidentes, paro forzoso, vejez, invalidez y muerte; el trabajo de las mujeres y de los jóvenes y especialmente la protección a la maternidad; la jornada de trabajo y el salario mínimo y familiar; las vacaciones anuales remuneradas: las condiciones del obrero español en el extranjero; las instituciones de cooperación, la relación económico-jurídica de los factores que integran la producción; la participación de los obreros en la dirección, la administración y los beneficios de las empresas, y todo cuanto afecte a la defensa de los trabajadores.

Artículo 47. La República protegerá al campesino y a este fin legislará, entre otras materias, sobre el patrimonio familiar inembargable y exento de toda clase de impuestos, crédito agrícola, indemnización por pérdida de las cosechas, cooperativas de producción y consumo, cajas de previsión, escuelas prácticas de agricultura y granjas de experimentación agropecuarias, obras para riego y vías rurales de comunicación. La República protegerá en términos equivalentes a los pescadores.

Artículo 48. El servicio de la cultura es atribución esencial del Estado, y lo prestará mediante instituciones educativas enlazadas por el sistema de la escuela unificada.

La enseñanza primaria será gratuita y obligatoria.

Los maestros, profesores y catedráticos de la enseñanza oficial son funcionarios públicos. La libertad de cátedra queda reconocida y garantizada.

La República legislará en el sentido de facilitar a los españoles económicamente necesitados el acceso a todos los grados de enseñanza, a fin de que no se halle condicionado más que por la aptitud y la vocación.

La enseñanza será laica, hará del trabajo el eje de su actividad metodológica y se inspirará en ideales de solidaridad humana.

Se reconoce a las Iglesias el derecho, sujeto a inspección del Estado, de enseñar sus respectivas doctrinas en sus propios establecimientos.

Artículo 49. La expedición de títulos académicos y profesionales corresponde exclusivamente al Estado, que establecerá las pruebas y requisitos necesarios para obtenerlos aún en los casos en que los certificados de estudios procedan de centros de enseñanza de las regiones autónomas. Una ley de Instrucción pública determinará la edad escolar para cada grado, la duración de los periodos de escolaridad, el contenido de los planes pedagógicos y las condiciones en que se podrá autorizar la enseñanza en los establecimientos privados.

Artículo 50. Las regiones autónomas podrán organizar la enseñanza en sus lenguas respectivas, de acuerdo con las facultades que se concedan en sus Estatutos. Es obligatorio el estudio de la lengua castellana, y ésta se usara también como instrumento de enseñanza en todos los centros de instrucción primaria y secundaria de las regiones autónomas. El Estado podrá mantener o crear en ellas instituciones docentes de todos los grados en el idioma oficial de la República.

El Estado ejercerá la suprema inspección en todo el territorio nacional pata asegurar el cumplimiento de las disposiciones contenidas en este Artículo y en los dos anteriores.

El Estado atenderá a la expansión cultural de España estableciendo delegaciones y centros de estudio y enseñanza en el extranjero y preferentemente en los países hispanoamericanos.

## TÍTULO IV

### Las Cortes.

Artículo 51. La potestad legislativa reside en el pueblo, que la ejerce por medio de las Cortes o Congreso de los Diputados.

Artículo 52. El Congreso de los Diputados se compone de los representantes elegidos por sufragio universal, igual, directo y secreto,

Artículo 53. Serán elegibles para Diputados todos los ciudadanos de la República mayores de veintitrés años, sin distinción de sexo ni de estado civil, que reúnan las condiciones fijadas por la ley Electoral.

Los Diputados, una vez elegidos, representan a la Nación. La duración legal del mandato será de cuatro años, contados a partir de la fecha en que fueron celebradas las elecciones generales. Al terminar este plazo se renovará totalmente el Congreso. Sesenta días, a lo sumo, después de expirar el mandato o de ser disueltas las Cortes, habrán de verificarse las nuevas elecciones. El Congreso se reunirá a los treinta días, como máximo, después de la elección. Los Diputados serán reelegibles indefinidamente.

Artículo 54. La ley determinará los casos de incompatibilidad de los Diputados, así como su retribución.

Artículo 55. Los Diputados son inviolables por los votos y opiniones que emitan en el ejercicio de su cargo.

Artículo 56. Los Diputados solo podrán ser detenidos en caso de flagrante delito.

La detención será comunicada inmediatamente a la Cámara o a la Diputación Permanente.

Si algún juez o Tribunal estimare que debe dictar auto de procesamiento contra un Diputado, lo comunicará así al Congreso, exponiendo los fundamentos que considere pertinentes.

Transcurridos sesenta días, a partir de la fecha en que la Cámara hubiere acusado recibo del oficio correspondiente, sin tomar acuerdo respecto del mismo, se entenderá denegado el suplicatorio.

Toda detención o procesamiento de un Diputado quedara sin efecto cuando así lo acuerde el Congreso, si está reunido, o la Diputación Permanente cuando las sesiones estuvieren suspendidas o la Cámara disuelta.

Tanto el Congreso como la Diputación Permanente, según los casos antes mencionados, podrán acordar que el juez suspenda todo procedimiento hasta la expiración del mandato parlamentario del Diputado objeto de la acción judicial.

Los acuerdos de la Diputación Permanente se entenderán revocados si reunido el Congreso no los ratificara expresamente en una de sus veinte primeras sesiones.

Artículo 57. El Congreso de los Diputados tendrá facultad para resolver sobre la validez de la elección y la capacidad de sus miembros electos y para adoptar su Reglamento de régimen interior.

Artículo 58. Las Cortes se reunirán sin necesidad de convocatoria el primer día hábil de los meses de Febrero y Octubre de cada año y funcionarán, por lo menos, durante tres meses en el primer periodo y dos en el segundo.

Artículo 59. Las Cortes disueltas se reúnen de pleno derecho y recobran su potestad como Poder legítimo del Estado, desde el momento en que el Presidente no hubiere cumplido, dentro de plazo, la obligación de convocar las nuevas elecciones,

Artículo 60. El Gobierno y el Congreso de los Diputados tienen la iniciativa de las leyes.

Artículo 61. El Congreso podrá autorizar al Gobierno para que este legisle por decreto, acordado en Consejo de Ministros, sobre materias reservadas a la competencia del Poder legislativo.

Estas autorizaciones no podrán tener carácter general, y los decretos dictados en virtud de las mismas se ajustarán estrictamente a las bases establecidas por el Congreso para cada materia concreta.

El Congreso podrá reclamar el conocimiento de los decretos, así dictados, para enjuiciar sobre la adaptación a las bases establecidas por él.

En ningún caso podrá autorizarse, en esta forma, aumento alguno de gastos.

Artículo 62. El Congreso designará de su seno una Diputación Permanente de Cortes, compuesta, como máximo, de 21 representantes de las distintas fracciones políticas, en proporción a su fuerza numérica.

Esta Diputación tendrá por Presidente el que lo sea del Congreso y entenderá:

1. De los casos de suspensión de garantías constitucionales previstos en el art. 42.

2. De los casos a que se refiere el art. 80 de esta Constitución relativas a los decretos-leyes.

3. De lo concerniente a la detención y procesamiento de los Diputados.

4. De las demás materias en que el Reglamento de la Cámara le diere atribución.

Artículo 63. El Presidente del Consejo y los Ministros tendrán voz en el Congreso, aunque no sean Diputados.

No podrán excusar su asistencia a la Cámara cuando sean por ella requeridos.

Artículo 64. El Congreso podrá acordar un voto de censura contra el Gobierno o alguno de sus Ministros.

Todo voto de censura deberá ser propuesto, en forma motivada y por escrito, con las firmas de cincuenta Diputados en posesión del cargo.

Esta proposición deberá ser comunicada a todos los Diputados y no podrá ser discutida ni votada hasta pasados cinco días de su presentación.

No se considerará obligado a dimitir el Gobierno ni el Ministro, cuando el voto de censura no fuere aprobado por la mayoría absoluta de los Diputados que constituyan la Cámara.

Las mismas garantías se observarán respecto a cualquier otra proposición que indirectamente implique un voto de censura.


Artículo 65. Todos los Convenios internacionales ratificados por España e inscritos en la Sociedad de las Naciones y que tengan carácter de ley internacional, se considerarán parte constitutiva de la legislación española, que habrá de acomodarse a lo que en aquellos se disponga.

Una vez ratificado un Convenio internacional que afecte a la ordenación jurídica del Estado, el Gobierno presentará, en plazo breve, al Congreso de los Diputados, los proyectos de ley necesarios para la ejecución de sus preceptos.

No podrá dictarse ley alguna en contradicción con dichos Convenios, si no hubieran sido previamente denunciados conforme al procedimiento en ellos establecido.

La iniciativa de la denuncia habrá de ser sancionada por las Cortes.


Artículo 66. El pueblo podrá atraer a su decisión mediante "referéndum" las leyes votadas por las Cortes. Bastará, para ello, que lo solicite el 15 por 100 del Cuerpo electoral.

No serán objeto de este recurso la Constitución, las leyes complementarias de la misma, las de ratificación de Convenios internacionales inscritos en la Sociedad de las Naciones, los Estatutos regionales, ni las leyes tributarias.

El pueblo podrá asimismo, ejerciendo el derecho de iniciativa, presentar a las Cortes una proposición de ley, siempre que lo pida, por lo menos, el 15 por 100 de los electores.

Una ley especial regulará el procedimiento y las garantías del "referéndum" y de la iniciativa popular

## TÍTULO V

### Presidencia de la República.

Artículo 67. El Presidente de la República es el jefe del Estado y personifica a la Nación.

La ley determinará su dotación y sus honores, que no podrán ser alterados durante el periodo de su magistratura.

Artículo 68. El Presidente de la República será elegido conjuntamente por las Cortes y un numero de compromisarios igual al de Diputados.

Los compromisarios serán elegidos por sufragio universal, igual, directo y secreto, conforme al procedimiento que determine la ley. Al Tribunal de garantías Constitucionales corresponde el examen y aprobación de los poderes de los compromisarios.

Artículo 69. Sólo serán elegibles para la Presidencia de la República los ciudadanos españoles mayores de cuarenta años que se hallen en el pleno goce de sus derechos civiles y políticos.

Artículo 70. No podrán ser elegibles ni tampoco propuestos para candidatos:

a) Los militares en activo o en la reserva, ni los retirados que no lleven diez años, cuando menos, en dicha situación.

b) Los eclesiásticos, los ministros de las varias confesiones y los religiosos profesos.

c) Los miembros de las familias reinantes o ex reinantes de cualquier país, sea cual fuere el grado de parentesco que les una con el jefe de las mismas.

Artículo 71. El mandato del Presidente de la República durará seis años.

El Presidente de la República no podrá ser reelegido hasta transcurridos seis años del término de su anterior mandato.

Artículo 72. El Presidente de la República prometerá ante las Cortes, solemnemente reunidas, fidelidad a la República y a la Constitución. Prestada esta promesa, se considerará iniciado el nuevo periodo presidencial.

Artículo 73. La elección de nuevo Presidente de la República se celebrará treinta días antes de la expiración del mandato presidencial.

Artículo 74. En caso de impedimento temporal o ausencia del Presidente de la República, le sustituirá en sus funciones el de las Cortes, quien será sustituido en las suyas por el Vicepresidente del Congreso. Del mismo modo, el Presidente del Parlamento asumirá las funciones de la Presidencia de la República, si ésta quedara vacante; en tal caso será convocada la elección de nuevo Presidente en el plazo improrrogable de ocho días, conforme a lo establecido en el Artículo 68, y se celebrará dentro de los treinta siguientes a la convocatoria.

A los exclusivos efectos de la elección de Presidente de la República, las Cortes, aun estando disueltas, conservan sus poderes.

Artículo 75. El Presidente de la República nombrará y separará libremente al Presidente del Gobierno, y, a propuesta de éste, a los Ministros. Habrá de separarlos necesariamente en el caso de que las Cortes les negaren de modo explícito su confianza.

Artículo 76. Corresponde también al Presidente de la República:

a) Declarar la guerra, conforme a los requisitos del Artículo siguiente, y firmar la paz.

b) Conferir los empleos civiles y militares y expedir los títulos profesionales, de acuerdo con las leyes y los reglamentos.

c) Autorizar con su firma los decretos, refrendados por el Ministro correspondiente, previo acuerdo del Gobierno, pudiendo el Presidente acordar que los proyectos de decreto se sometan a las Cortes, si creyere que se oponen a alguna de las leyes vigentes.

d) Ordenar las medidas urgentes que exija la defensa de la integridad o la seguridad de la Nación, dando inmediata cuenta a las Cortes.

e) Negociar, firmar y ratificar los Tratados y Convenios internacionales sobre cualquier materia y vigilar su cumplimiento en todo el territorio nacional.

Los Tratados de carácter político, los de comercio, los que supongan gravamen para la Hacienda pública o individualmente para los ciudadanos españoles y, en general, todos aquellos que exijan para su ejecución medidas de orden legislativa, solo obligarán a la Nación si han sido aprobados por las Cortes.

Los proyectos de Convenio de la organización internacional del Trabajo serán sometidos a las Cortes en el plazo de un año y, en caso de circunstancias excepcionales, de dieciocho meses, a partir de la clausura de la Conferencia en que hayan sido adoptados.

Una vez aprobados por el Parlamento, el Presidente de la República suscribirá la ratificación, que será comunicada, para su registro, a la Sociedad de las Naciones.

Los demos Tratados y Convenios internacionales ratificados por España, también deberán ser registrados en la Sociedad de las Naciones, con arreglo al artículo 18 del Pacto de la Sociedad, a los efectos que en el se previenen.

Los Tratados y Convenios secretos y las cláusulas secretas de cualquier Tratado o Convenio no obligarán a la Nación.


Artículo 77. El Presidente de la República no podrá firmar declaración alguna de guerra sino en las condiciones prescritas en el Pacto de la Sociedad de las Naciones, y sólo una vez agotados aquellos medios defensivos que no tengan carácter bélico y los procedimientos judiciales o de conciliación y arbitraje establecidos en los Convenios internacionales de que España fuere parte, registrados en la Sociedad de las Naciones.

Cuando la Nación estuviera ligada a otros países por Tratados particulares de conciliación y arbitraje, se aplicarán éstos en todo lo que no contradigan los Convenios generales.

Cumplidos los anteriores requisitos, el Presidente de la República habrá de estar autorizado por una ley para firmar la declaración de guerra.


Artículo 78. El Presidente de la República no podrá cursar el aviso de que España se retira de la Sociedad de las Naciones sino anunciándolo con la antelación que exige el Pacto de esa Sociedad, y mediante previa autorización de las Cortes, consignada en una ley especial, votada por mayoría absoluta.

Artículo 79. El Presidente de la República, a propuesta del Gobierno, expedirá los decretos, reglamentos e instrucciones necesarios para la ejecución de las leyes.

Artículo 80. Cuando no se halle reunido el Congreso, el Presidente, a propuesta y por acuerdo unánime del Gobierno y con la aprobación de los dos tercios de la Diputación permanente, podrá estatuir por decreto sobre materias reservadas a la competencia de las Cortes, en los casos excepcionales que requieran urgente decisión, o cuando lo demande la defensa de la República. Los decretos así dictados tendrán solo carácter provisional, y su vigencia estará limitada al tiempo que tarde el Congreso en resolver o legislar sobre la material

Artículo 81. El Presidente de la República podrá convocar el Congreso con carácter extraordinario siempre que lo estime oportuno.

Podrá suspender las sesiones ordinarias del Congreso en cada legislatura sólo por un mes en el primer periodo y por quince días en el segundo, siempre que no deje de cumplirse lo preceptuado en el art. 58.

El Presidente podrá disolver las Cortes hasta dos veces como máximo durante su mandato cuando lo estime necesario, sujetándose a las siguientes condiciones:

a) Por decreto motivado.

b) Acompañando al decreto de disolución la convocatoria de las nuevas elecciones para el plazo máximo de sesenta días. En el caso de segunda disolución, el primer acto de las nuevas Cortes será examinar y resolver sobre la necesidad del decreto de disolución de las anteriores. El voto desfavorable de la mayoría absoluta de las Cortes llevará aneja la destitución del Presidente.

Artículo 82. El Presidente podrá ser destituido antes de que expire su mandato. La iniciativa de destitución se tomará a propuesta de las tres quintas partes de los miembros que compongan el Congreso, y desde este instante el Presidente no podrá ejercer sus funciones.

En el plazo de ocho días se convocará la elección de compromisarios en la forma prevenida para la elección de Presidente. Los compromisarios reunidos con las Cortes decidirán por mayoría absoluta sobre la propuesta de éstas.

Si la Asamblea votare contra la destitución, quedará disuelto el Congreso. En caso contrario, esta misma Asamblea elegirá el nuevo Presidente.

Artículo 83. El Presidente promulgará las leyes sancionadas por el Congreso, dentro del plazo de quince días, contados desde aquel en que la sanción le hubiere sido oficialmente comunicada.

Si la ley se declara urgente por las dos terceras partes de los votos emitidos por el Congreso, el Presidente procederá a su inmediata promulgación.

Antes de promulgar las leyes no declaradas urgentes, el Presidente podrá pedir al Congreso, en mensaje razonado, que las someta a nueva deliberación. Si volvieran a ser aprobadas por una mayoría de dos tercios de votantes, el Presidente quedará obligado a promulgarlas.

Artículo 84. Serán nulos y sin fuerza alguna de obligar los actos y mandatos del Presidente que no estén refrendados por un Ministro.

La ejecución de dichos mandatos implicará responsabilidad penal.

Los Ministros que refrenden actos o mandatos del Presidente de la República asumen la plena responsabilidad política y civil y participan de la criminal que de ellos pueda derivarse.

Artículo 85. El Presidente de la República es criminalmente responsable de la infracción delictiva de sus obligaciones constitucionales.

El Congreso, por acuerdo de las tres quintas partes de la totalidad de sus miembros, decidirá si procede acusar al Presidente de la República ante el Tribunal de Garantías Constitucionales.

Mantenida la acusación por el Congreso, el Tribunal resolverá si la admite o no. En caso afirmativo, el Presidente quedará, desde luego, destituido, procediéndose a nueva elección, y la causa seguirá sus trámites.

Si la acusación no fuese admitida, el Congreso quedará disuelto y se procederá a nueva convocatoria.

Una ley de carácter constitucional determinará el procedimiento para exigir la responsabilidad criminal del Presidente de la República.

# TÍTULO VI

## Gobierno.

Artículo 86. El Presidente del Consejo y los Ministros constituyen el Gobierno.

Artículo 87. El Presidente del Consejo de Ministros dirige y representa la política general del Gobierno. Le afectan las mismas incompatibilidades establecidas en el art. 70 para el Presidente de la República.

A los Ministros corresponde la alta dirección y gestión de los servicios públicos asignados a los diferentes Departamentos ministeriales.

Artículo 88. El Presidente de la República, a propuesta del Presidente del Consejo, podrá nombrar uno o más Ministros sin cartera.

Artículo 89. Los miembros del Gobierno tendrán la dotación que determinen las Cortes. Mientras ejerzan sus funciones, no podrán desempeñar profesión alguna, ni intervenir directa o indirectamente en la dirección o gestión de ninguna empresa ni asociación privada.

Artículo 90. Corresponde al Consejo de Ministros, principalmente, elaborar los proyectos de ley que haya de someter al Parlamento; dictar decretos; ejercer la potestad reglamentaria, y deliberar sobre todos los asuntos de interés público.

Artículo 91. Los miembros del Consejo responden ante el Congreso: solidariamente de la política del Gobierno, e individualmente de su propia gestión ministerial.

Artículo 92. El Presidente del Consejo y los Ministros son, también, individualmente responsables, en el orden civil y en el criminal, por las infracciones de la Constitución y de las leyes.

En caso de delito, el Congreso ejercerá la acusación ante el Tribunal de Garantías Constitucionales en la forma que la ley determine.

Artículo 93. Una ley especial regulará la creación y el funcionamiento de los órganos asesores y de ordenación económica de la Administración, del Gobierno y de las Cortes.

Entre estos organismos figurará un Cuerpo consultivo supremo de la República en asuntos de Gobierno y Administración, cuya composición, atribuciones y funcionamiento serán regulados por dicha ley.

# TÍTULO VII

## Justicia.

Artículo 94. La justicia se administra en nombre del Estado.

La República asegurará a los litigantes económicamente necesitados la gratuidad de la justicia.

Los jueces son independientes en su función. Solo están sometidos a la ley.

Artículo 95. La Administración de justicia comprenderá todas las jurisdicciones existentes, que serán reguladas por las leyes.

La jurisdicción penal militar quedará limitada a los delitos militares, a los servicios de armas y a la disciplina de todos los Institutos armados.

No podrá establecerse fuero alguno por razón de las personas ni de los lugares. Se exceptúa el caso de estado de guerra, con arreglo a la ley de Orden público.

Quedan abolidos todos los Tribunales de honor, tanto civiles como militares.

Artículo 96. El presidente del Tribunal Supremo será designado por el jefe del Estado, a propuesta de una Asamblea constituida en la forma que determine la ley.

El cargo de presidente del Tribunal Supremo solo requerirá: ser español, mayor de cuarenta años y licenciado en Derecho. Le comprenderán las incapacidades e incompatibilidades establecidas para los demás funcionarios judiciales.

El ejercicio de su magistratura durara diez años.

Artículo 97. El presidente del Tribunal Supremo tendrá, además de sus facultades propias, las siguientes:

a) Preparar y proponer al Ministro y a la Comisión Parlamentaria de justicia, leyes de reforma judicial y de los Códigos de procedimiento.

b) Proponer al Ministro, de acuerdo con la Sala de gobierno y los asesores jurídicos que la ley designe, entre elementos que no ejerzan la Abogacía, los ascensos y traslados de jueces, magistrados y funcionarios fiscales.

El presidente del Tribunal Supremo y el Fiscal general de la República estarán agregados, de modo permanente, con voz y voto, a la Comisión Parlamentaria de justicia, sin que ello implique asiento en la Cámara.


Artículo 98. Los jueces y magistrados no podrán ser jubilados, separados ni suspendidos en sus funciones, ni trasladados de sus puestos, sino con sujeción a las leyes, que contendrán las garantías necesarias para que sea efectiva la independencia de los Tribunales.


Artículo 99. La responsabilidad civil y criminal en que puedan incurrir los jueces, magistrados y fiscales en el ejercicio de sus funciones o con ocasión de ellas, será exigible ante el Tribunal Supremo con intervención de un jurado especial, cuya designación, capacidad e independencia regulará la ley. Se exceptúa la responsabilidad civil y criminal de los jueces y fiscales municipales que no pertenezcan a la carrera judicial.

La responsabilidad criminal del presidente y los magistrados del Tribunal Supremo y del Fiscal de la República será exigida por el Tribunal de Garantías Constitucionales.


Artículo 100. Cuando un Tribunal de justicia haya de aplicar una ley que estime contraria a la Constitución, suspenderá el procedimiento y se dirigirá en consulta al Tribunal de Garantías Constitucionales.


Artículo 101. La ley establecerá recursos contra la ilegalidad del los actos o disposiciones emanadas de la Administración en el ejercicio de su potestad reglamentaria, y contra los actos discrecionales de la misma constitutivos de exceso o desviación de poder.

Artículo 102. Las amnistías solo podrán ser acordadas por el Parlamento. No se concederán indultos generales. El Tribunal Supremo otorgará los individuales a propuesta del sentenciador, del fiscal, de la Junta de Prisiones o a petición de parte.

En los delitos de extrema gravedad, podrá indultar el Presidente de la República, previo informe del Tribunal Supremo y a propuesta del Gobierno responsable.

Artículo 103. El pueblo participara en la Administración de Justicia mediante la institución del jurado, cuya organización y funcionamiento serán objeto de una ley especial.

Artículo 104. El Ministerio Fiscal velará por el exacto cumplimiento de las leyes y por el interés social.

Constituirá un solo Cuerpo y tendrá las mismas garantías de independencia que la Administración de justicia.

Artículo 105. La ley organizará Tribunales de urgencia para hacer efectivo el derecho de amparo de las garantías individuales.

Artículo 106. Todo español tiene derecho a ser indemnizado de los perjuicios que se le irroguen por error judicial o delito de los funcionarios judiciales en el ejercicio de sus cargos, conforme determinen las leyes.

El Estado será subsidiariamente responsable de estas indemnizaciones.

# TÍTULO VIII

## Hacienda pública.

Artículo 107. La formación del proyecto de Presupuestos corresponde al Gobierno; su aprobación a las Cortes. El Gobierno presentará a estas, en la primera quincena de Octubre de cada año, el proyecto de Presupuestos generales del Estado para el ejercicio económico siguiente.

La vigencia del Presupuesto será de un año.

Si no pudiera ser votado antes del primer día del año económico siguiente se prorrogará por trimestres la vigencia del último Presupuesto, sin que estas prórrogas puedan exceder de cuatro.

Artículo 108. Las Cortes no podrán presentar enmienda sobre aumento de créditos a ningún artículo ni capitulo del proyecto de Presupuesto, a no ser con la firma de la décima parte de sus miembros. Su aprobación requerirá el voto favorable de la mayoría absoluta del Congreso.

Artículo 109. Para cada año económico no podrá haber sino un solo Presupuesto, y en él serán incluídos, tanto en ingresos como en gastos, los de carácter ordinario.

En caso de necesidad perentoria, a juicio de la mayoría absoluta del Congreso, podrá autorizarse un Presupuesto extraordinario.

Las cuentas del Estado se rendirán anualmente y, censuradas por el Tribunal de Cuentas de la República, éste, sin perjuicio de la efectividad de sus acuerdos, comunicará a las Cortes las infracciones o responsabilidades ministeriales en que a su juicio se hubiere incurrido.

Artículo 110. El Presupuesto general será ejecutivo por el solo voto de las Cortes, y no requerirá, para su vigencia, la promulgación del jefe del Estado.

Artículo 111. El Presupuesto fijará la Deuda flotante que el Gobierno podrá emitir dentro del año económico y que quedará extinguida durante la vida legal del Presupuesto.

Artículo 112. Salvo lo dispuesto en el artículo anterior, toda ley que autorice al Gobierno para tomar caudales a préstamo, habrá de contener las condiciones de este, incluso el tipo nominal de interés, y, en su caso, de la amortización de la Deuda.

Las autorizaciones al Gobierno en este respecto se limitarán, cuando así lo estimen oportuno las Cortes, a las condiciones y al tipo de negociación.

Artículo 113. El Presupuesto no podrá contener ninguna autorización que permita al Gobierno sobrepasar en el gasto la cifra absoluta en el consignada, salvo caso de guerra. En consecuencia, no podrán existir los créditos llamados ampliables.

Artículo 114. Los créditos consignados en el estado de gastos representan las cantidades máximas asignadas a cada servicio, que no podrán ser alteradas ni rebasadas por el Gobierno. Por excepción, cuando las Cortes no estuvieren reunidas, podrá el Gobierno conceder, bajo su responsabilidad, créditos o suplementos de crédito para cualquiera de los siguientes casos:

a) Guerra o evitación de la misma.

b) Perturbaciones graves de orden público o inminente peligro de ellas.

c) Calamidades públicas.

d) Compromisos internacionales.

Las leyes especiales determinarán la tramitación de estos créditos.

Artículo 115. Nadie estará obligado a pagar contribución que no esté votada por las Cortes o por las Corporaciones legalmente autorizadas para imponerla.

La exacción de contribuciones, impuestos y tasas y la realización de ventas y operaciones de crédito, se entenderán autorizadas con arreglo a las leyes en vigor, pero no podrán exigirse ni realizarse sin su previa autorización en el estado de ingresos del Presupuesto.

No obstante, se entenderán autorizadas las operaciones administrativas previas, ordenadas en las leyes.

Artículo 116. La ley de Presupuestos, cuando se considere necesaria, contendrá solamente las normas aplicables a la ejecución del Presupuesto a que se refiera.

Sus preceptos sólo regirán durante la vigencia del Presupuesto mismo.

Artículo 117. El Gobierno necesita estar autorizado por una ley para disponer de las propiedades del Estado y para tomar caudales a préstamo sobre el crédito de la Nación.

Toda operación que infrinja este precepto será nula y no obligará al Estado a su amortización ni al pago de intereses.

Artículo 118. La Deuda pública está bajo la salvaguardia del Estado. Los créditos necesarios para satisfacer el pago de intereses y capitales se entenderán siempre incluídos en el estado de gastos del Presupuesto y no podrán ser objeto de discusión mientras se ajusten estrictamente a las leyes que autorizaron la emisión. De idénticas garantías disfrutará, en general, toda operación que implique, directa o indirectamente, responsabilidad económica del Tesoro, siempre que se dé el mismo supuesto.

Artículo 119. Toda ley que instituya alguna Caja de amortización, se ajustará a las siguientes normas:

1. Otorgará a la Caja la plena autonomía de gestión.

2. Designará concreta y específicamente los recursos con que sea dotada. Ni los recursos ni los capitales de la Caja podrán ser aplicados a ningún otro fin del Estado.

3. Fijará la Deuda o Deudas cuya amortización se le confíe.

El presupuesto anual de la Caja necesitará para ser ejecutivo la aprobación del Ministro de Hacienda. Las cuentas se someterán al Tribunal de Cuentas de la República. Del resultado de esta censura conocerán las Cortes.

Artículo 120. El Tribunal de Cuentas de la República es el órgano fiscalizador de la gestión económica. Dependerá directamente de las Cortes y ejercerá sus funciones por delegación de ellas en el conocimiento y aprobación final de las cuentas del Estado.

Una ley especial regulará su organización, competencia y funciones.

Sus conflictos con otros organismos serán sometidos a la resolución del Tribunal de garantías Constitucionales.

## TÍTULO IX

### Garantías y reforma de la Constitución.

Artículo 121. Se establece, con jurisdicción en todo el territorio de la República, un Tribunal de Garantías Constitucionales, que tendrá competencia para conocer de:

a) El recurso de inconstitucionalidad de las leyes.

b) El recurso de amparo de garantías individuales, cuando hubiere sido ineficaz la reclamación ante otras autoridades.

c) Los conflictos de competencia legislativa y cuantos otros surjan entre el Estado y las regiones autónomas y los de éstas entre sí.

d) El examen y aprobación de los poderes de los compromisarios que juntamente con las Cortes eligen al Presidente de la República.

e) La responsabilidad criminal del jefe del Estado, del Presidente del Consejo y de los Ministros.

f) La responsabilidad criminal del presidente y los magistrados del Tribunal Supremo y del Fiscal de la República.

Artículo 122. Compondrán este Tribunal:

Un presidente designado por el Parlamento, sea o no Diputado.

El presidente del alto Cuerpo consultivo de la República a que se refiere el art. 93.

El presidente del Tribunal de Cuentas de la República.

Dos Diputados libremente elegidos por las Cortes.

Un representante por cada una de las Regiones españolas, elegido en la forma que determine la ley.

Dos miembros nombrados efectivamente por todos los Colegios de Abogados de la República.

Cuatro profesores de la Facultad de Derecho, designados por el mismo procedimiento entre todas las de España

Artículo 123. Son competentes para acudir ante el Tribunal de Garantías Constitucionales:

1. El Ministerio fiscal.

2. Los jueces y tribunales en el caso del art. 100.

3. El Gobierno de la República.

4. Las Regiones españolas.

5. Toda persona individual o colectiva, aunque no hubiera sido directamente agraviada.

Artículo 124. Una ley orgánica especial, votada por estas Cortes, establecerá las inmunidades y prerrogativas de los miembros del Tribunal y la extensión y efectos de los recursos a que se refiere el art. 121.

Artículo 125. La Constitución podrá ser reformada:

a) A propuesta del Gobierno.

b) A propuesta de la cuarta parte de los miembros del Parlamento.

En cualquiera de estos casos, la propuesta señalará concretamente el artículo o los artículos que hayan de suprimirse, reformarse o adicionarse, seguirá los trámites de una ley y requerirá el voto, acorde con la reforma, de las dos terceras partes de los Diputados en el ejercicio del cargo, durante los cuatro primeros años de vida constitucional, y la mayoría absoluta en lo sucesivo.

Acordada en estos términos la necesidad de la reforma, quedará automáticamente disuelto el Congreso y será convocada nueva elección para dentro del termino de sesenta días.

La Cámara así elegida, en funciones de Asamblea Constituyente, decidirá sobre la reforma propuesta, y actuará luego como Cortes ordinarias.

Palacio de las Cortes Constituyentes a 9 de Diciembre de 1931.

www.ingramcontent.com/pod-product-compliance
Lightning Source LLC
Chambersburg PA
CBHW030548220526
45463CB00007B/3032